AF210795

Oráculo para la ansiedad

Grete Stars

No se permite la reproducción total o parcial de esta obra, ni su incorporación a un sistema informático, ni su transmisión en cualquier forma o por cualquier medio (electrónico, mecánico, fotocopia, grabación u otros) sin autorización previa y por escrito de los titulares del copyright. La infracción de dichos derechos puede constituir un delito contra la propiedad intelectual.

Oráculo para la ansiedad © Grete Stars, 2023
ISBN: 9788411744096
Impresión y editorial: BoD – Books on Demand
info@bod.com.es - www.bod.com.es
Impreso en Alemania – Printed in Germany

Este Oráculo ha sido creado para guiarte y ayudarte a andar el camino de la vida cuando estás sufriendo ansiedad.

A menudo, la incertidumbre nos acecha y nos genera más estrés.

Es este un Oráculo pensado para dar respuestas a la vez que te mantiene en calma y te hace ver que no hay prisa, que todo está bien, que tú estás bien, anclado a la sabiduria calma y serena de la vida.

Gracias al Oráculo tendrás respuestas que te invitarán suavemente a la acción o a la inacción, pero siempre con tu bienestar y tu calma por encima de todo.

Un nuevo camino de paz comienza.

¿Cómo usar este Oráculo?
Se ofrecen dos sencillas maneras de extraer la sabiduría del Oráculo.
Ambas comienzan con un momento de reflexión y calma en la que se formula una pregunta. Respira profundamente y procede a realizar una de estas dos acciones:

· Coge el libro y abre al azar cualquiera de sus páginas. La respuesta estará ante ti.

· Abre el libro por la siguiente página y con los ojos cerrados deja que tu dedo seleccione un número, después dirígete a la página con ese mismo número. La respuesta será mostrada.

Ya no depende de ti. Pon tu mirada en una meta nueva.

Da el
paso más
pequeño
posible.

En este
momento,
dejarlo
estar
es lo más
sabio.

Alguien cercano tiene la respuesta. Abre vías de comunicación.

4

No impongas cambios drásticos.

Planifica con calma y confianza en el futuro.

Toma distancia. Buen momento para una reconciliación (contigo mismo o con otro).

Un paso ínfimo puede abrir grandes puertas. Osadía y confianza son tus aliados.

7

Sabrás hacer valer tus argumentos y serán aceptados sin mayores objeciones.

8

Las condiciones no son propicias.

Espera pacientemente tu momento.

9

Tus convicciones irradian una gran tranquilidad. Tu entorno te apoya. Adelante.

10

No te preocupes por cosas que no han sucedido. El camino está despejado y es propicio avanzar.

Mira por tu bienestar y dedica tiempo a tu mente y cuerpo. El resto debe esperar.

12

Si eres fiel a ti mismo, el mundo se mostrará lleno de regalos para ti. No cedas a las presiones de otro.

El tiempo te dará la razón.

Espera 7 días y planta tu semilla.

Avanzar trae desventura. El camino acaba en precipicio. Nuevos retos florecerán.

15

Desarrolla nuevas relaciones sociales que abran tu mente.

De ahí nacerá la buena ventura.

Equilibra tu parte emocional con la racional. En ese punto está la luz que te guiará en este camino.

No todo lo que parece ser, es. Cautela.

Avanza sin miedo pero sin destruir alianzas.

Usa tu imaginación y lograrás el éxito. Tienes más poder del que crees.

El momento no es propicio.

Detenerse ahora es sabio.

La naturaleza desea tu felicidad.

Interioriza esta reflexión y la ventura estará contigo.

22

Acepta lo que no está en tu mano cambiar.

Da el único paso pequeño pero firme que puedes dar ahora.

23

Guarda decisiones importantes para un periodo más sereno.

Regálate un momento para ti.

Observa el pasado para procesarlo.

Avanzar así es propicio.

Otros pueden no entender cómo te sientes. Confía en ti y haz lo que sabes que es correcto.

26

La respuesta es NO.

Lo que crees que es un ideal noble, puede ser una decisión impulsiva. Reposa la idea 7 días.

La energía está totalmente disponible para actuar o hablar alto y claro.

Baja tus expectativas y aprecia lo que tienes.

No necesitas eso que crees necesitar.

30

Profundiza en lo que sientes. De la oscuridad puedes revelar mucha luz.

Es tiempo de transformación.

Comunícate desde la vulnerabilidad y recibirás apoyos cruciales para conseguir eso que anhelas.

Es momento de tomar decisiones pero solo a largo plazo.

Reconoce tus avances.

33

No inicies tareas extenuantes. A veces los pasos pequeños llevan a cimas más altas.

34

Hay una presión externa que pule tu diamante. La luz que resulta es poderosa y favorable.

35

Lo que ves, es lo que hay.

Usa tu confianza para avanzar en metas íntimas.

36

Innova, crea nuevos métodos. Lo original te lleva de la mano al éxito.

Cree en ti.

Lo que resistes, persiste.

Acepta lo que sientes y llévate de forma proactiva a transformarte internamente.

Hay tensión entre lo que piensas y lo que sientes. Comunícate con tacto contigo y con los otros y actúa en 3 días.

No te pierdas en fantasías sin base. Antes de actuar, medita si tu deseo se basa en viejos miedos o sentimientos ocultos.

40